Inhalt

Carbon Expo - Kongressmesse für Emissionshandel und CO2-Markt

Kernthesen

Beitrag

Fallbeispiele

Weiterführende Literatur

Impressum

GENIOS WirtschaftsWissen Nr. 06/2005 vom 06.06.2005

Carbon Expo - Kongressmesse für Emissionshandel und CO2-Markt

I.Zeilhofer-Ficker

Kernthesen

- Die Carbon Expo in Köln ist die weltweit einzige Messe für den Emissionshandel und CO2-Markt.
- Im Mai 2005 besuchten rund 1500 Besucher die Messestände der 134 internationalen Aussteller sowie das umfangreiche Kongressprogramm.
- Mindestens 100 Verträge über den Kauf von Emissionsrechten wurden während der Messezeit angebahnt.

Beitrag

Stürme, Überschwemmungen und Dürreperioden werden auf den weltweit viel zu hohen Ausstoß von Kohlendioxid zurückgeführt. Das Kyoto-Protokoll verpflichtet die Industrieländer nun zur Emissions-Senkung. Auf der zweiten Carbon Expo im Mai in Köln konnte man sich über die Möglichkeiten der Emissionsminderung sowie Emissionshandel und Minderungsprojekte informieren. (1)

Emissionshandel im Aufwind

Es wird ernst mit dem Klimaschutz. Durch das In-Kraft-Treten des Kyoto-Protokolls im Februar 2005 sind die Industrieländer der Welt gefordert, die vereinbarten Kohlendioxidemissions-Reduzierungen anzupacken und zu verwirklichen. (2)

Emissionszertifikate

Ein vielversprechendes Instrument um weniger CO2-Ausstoß zu erreichen ist der Handel mit Emissionsrechten. Für die Mitgliedsstaaten der EU ist der Emissionshandel zentral zur Erreichung der Klimaschutzziele, speziell seitdem am 1. Januar 05 durch nationale Allokationspläne für die 12000 Industrie- und Energieerzeugungsanlagen das Recht auf CO2-Emissionen mengenmäßig begrenzt wurde. Diese gesetzliche Regelung zwingt Betriebe, die mehr Kohlendioxid als zugeteilt an die Umwelt abgeben wollen, dazu, Emissionsrechte zuzukaufen oder diese über eine Beteiligung in Klimaschutzprojekte in den Entwicklungsländern zu erwerben. (3)

Die gesetzlichen Gegebenheiten haben seit Jahresanfang den weltweiten Emissionshandel in Schwung gebracht. So wurden in den ersten drei Monaten des Jahres 2005 weltweit bereits Zertifikate für 37 Millionen Tonnen CO2-Emissionen gehandelt - fast doppelt soviel wie im gesamten Vorjahr. Auf Europa entfielen davon allein 34 Millionen Tonnen (4), (5)

Die Preise an den europäischen Börsen haben sich mittlerweile bei um die 16 bis 17 Euro pro Tonne CO2 Emission eingependelt. Eine weitere Belebung des Marktes wird ab 2008 erwartet, weil ab dann die Zuteilung der Verschmutzungsrechte wesentlich reduziert wird. Durch den Zusammenbruch der russischen Industrien und die damit verbundene Reduzierung des Schadstoffausstoßes verfügt Russland über eine große Anzahl von

Emissionszertifikaten, die zu einer Vergrößerung des Handelsvolumens aber möglicherweise auch zu einem wesentlichen Preisverfall führen könnten, sollten größere Mengen davon angeboten werden. (5), (6), (7), (8), (9)

CDM- und JI-Projekte

Clean Development Mechanism (CDM) nennt man Projekte, die in Entwicklungsländern zum Klimaschutz verwirklicht werden. Dies sind zum Beispiel Windkraft- oder Solarstromanlagen, aber auch Wiederaufforstungsprojekte oder umweltgerechtes Abfallmanagement. Für Investitionen in solche Projekte können Betriebe Emissionsrechte gut geschrieben bekommen und diese an ihrem Standort in einem Industrieland einsetzten. Werden Klimaschutzprojekte in Ländern realisiert, die ebenfalls zur CO_2-Reduktion verpflichtet sind, spricht man von Joint Implementations (JI). Für die EU wurde die Nutzung der dadurch entstehenden Verschmutzungsrechte (Certified Emissions Reductions - CER) durch eine Linking Directive der Europäischen Kommission festgeschrieben. Da Klimaschutzprojekte in der dritten Welt meist wesentlich kostengünstiger als in einem Industrieland verwirklicht werden können, hat sich dieses Vorgehen als interessante Option für Industriebetriebe erwiesen. Finanzinstitute und Umweltschutzorganisationen nutzen diese Beteiligungen ebenfalls. (5), (8), (10), (11)

Die Nachfrage nach CERs steigt rasch an. In 2004 wurden Rechte für 107 Millionen Tonnen CO_2-Äquivalent gekauft, in den ersten drei Monaten des Jahres 2005 schon 43 Millionen Tonnen. Schon werden Befürchtungen laut, dass das Angebot von Projekten nicht mit der wachsenden Nachfrage standhalten könnte, vor allem, da der Validierungs- und Genehmigungsprozess noch ziemlich langwierig zu sein scheint. (1), (9)

Auf jeden Fall ist das Engagement in CDM-Projekte eine finanziell interessante Alternative. Der gewichtete Durchschnittspreis liegt bei nur 5,22 US-Dollar pro Tonne CO_2-Äquivalent. (8)

Carbon Expo - Plattform für den Emissionsmarkt

Vom 11. bis 13. Mai 2005 fand die zweite Carbon Expo in Köln statt. Diese Kongressmesse stellt die einzige Plattform weltweit für alles rund um den

Emissionsmarkt dar. 134 Aussteller konnten die Messe, die gemeinsam von der Weltbank, der International Emissions Trading Association (IETA) und der Kölnmesse veranstaltet wird, in diesem Jahr gewinnen und rund 1500 Fachbesucher anziehen. Eine enorme Steigerung: 2004 hatten sich nur 700 Besucher bei 50 Ausstellern informieren können. (12), (13), (15)

Neben Service- und Technologieanbietern zählten auch zahlreiche Beratungsfirmen, Banken, Fondsvertreter und vor allem Ländervertretungen zum Ausstellerkreis, die ihre Projekte und Leistungen im Rahmen der Messe präsentierten. (9), (13), (14), (www.carbonexpo.de)

Die parallel zur Messe stattfindenden Workshops und Kongresse boten sowohl für "Anfänger" im Bereich Emissionshandel als auch für erfahrene Marktteilnehmer umfangreiche Informationen und hilfreiche Praxistipps. Besprochene Themen gingen von beispielsweise dem europäischen Handelsschema zu Marktaktivitäten, von Energieeffizienz in industriellen Prozessen über erneuerbare Energien zum Abfallmanagement. Ein Händlertag sowie ein Bulletin Board für geplante Projekte diente im Speziellen der Geschäftsanbahnung von CDMs. Vertreter aus 29 Entwicklungsländern nutzten die Chance, ihre Projekte vorzustellen und um die

Finanzierung über CDM zu werben. Über 100 Verträge kamen während der Messetage zustande. (11), (12), (www.carbonexpo.de)

Die Messe war ein voller Erfolg. Das erklärte Ziel - den Kontakt zwischen Projektanbietern aus der Dritten Welt mit interessierten Unternehmen und Finanzinstituten herzustellen - wurde erreicht und sowohl Aussteller als auch Besucher zeigten sich mit der Messe zufrieden. Eine jährliche Wiederholung der Messe in Köln bis mindestens zum Jahr 2008 wurde vereinbart. (1), (15), (www.carbonexpo.de)

Fallbeispiele

Als Beispiele für CDM-Projekte sollen hier die beiden Geschäftsabschlüsse der Carbon Expo 2004 vorgestellt werden. Die Weltbank beteiligte sich mit ihrem Prototype Carbon Fund an der nachhaltigen Zementproduktion der Firma Inducement Tunggal Parkasa Tbk, Indonesien sowie an dem Durban Landfill Gas to Energy Projekt in Südafrika. Die Weltbank hat mittlerweile für CDM-Projekte Fonds über rund 800 000 Euro aufgelegt. (5), (15)

Der KfW-Klimaschutz-Fond ist der erste deutsche Fond, der sich an CDM-Projekten beteiligen will. 50 Millionen Euro ist das Zielvolumen, beteiligen kann man sich mit einer Mindesteinlage von 500 000 Euro. (9)

Die Carbon Expo selbst haben sich zum Ausgleich ihrer Kohlendioxid-Bilanz an einem Aufforstungsprojekt in Tansania beteiligt. (17)

Weiterführende Literatur

(1) „Eine Menge Projekte in der Pipeline"
aus www.powernews.org Meldung vom 19.04.2005 - 09:18

(2) Grosch, Werner, Risiken am neuen Markt, Kölnische Rundschau, 12.05.2005
aus www.powernews.org Meldung vom 19.04.2005 - 09:18

(3) Stienen, Sascha, EU-System bringt Emissionshandel in Schwung, Bonner General-Anzeiger, 12.05.2005, S. 18
aus www.powernews.org Meldung vom 19.04.2005 - 09:18

(4) Emissionshandel läuft Nachrichten
aus Financial Times Deutschland vom 12.05.2005, Seite 23

(5) Rasches Wachstum des Emissionshandels
aus Frankfurter Allgemeine Zeitung, 12.05.2005, Nr. 109, S. 10

(6) Handel mit Emissionsrechten steigt sprunghaft an
aus DIE WELT, 14.05.2005, Nr. 111, S. 10

(7) Leichte Abwärtstendenz
aus www.powernews.org Meldung vom 12.05.2005 - 17:31

(8) Große Preisdifferenz zwischen CDM/JI und EU-Handelssystem
aus www.powernews.org Meldung vom 11.05.2005 - 14:21

(9) Viel Kapital, wenig Klimaschutz-Projekte Fonds wollen rund eine Milliarde Euro investieren
aus DIE WELT, 22.04.2005, Nr. 93, S. 12

(10) Weltbank-Manager befürchtet Engpass bei CDM
aus www.powernews.org Meldung vom 06.04.2005 - 11:05

(11) Carbon Expo: Schon jetzt mehr Aussteller als 2004
aus www.powernews.org Meldung vom 13.01.2005 - 08:44

(12) Koch, Wolfgang, Messe zum Emissionshandel, Stuttgarter Zeitung, 12.05.2005, S. 14
aus www.powernews.org Meldung vom 13.01.2005 - 08:44

(13) Bergs, Melanie, In Köln beginnt am Mittwoch die Carbon Expo, die einzige Messer der Welt, auf der sich Unternehmen über die Geschäfte mit Verschmutzungsrechten informieren können, Welt am Sonntag, 08.05.2005, Nr. 19, S. NRW7
aus www.powernews.org Meldung vom 13.01.2005 - 08:44

(14) Fingerzeig in die Zukunft des Klimaschutzes
aus www.powernews.org Meldung vom 28.02.2005 - 10:56

(15) LUFTREINHALTUNG/KLIMASCHUTZ Carbon Expo zieht positive Bilanz
aus WLB Wasser, Luft und Boden, Heft 7/8, 2004, S. 40

(16) Erste multilaterale Beratungen über die Zukunft des Kyoto-Protokolls
aus Frankfurter Allgemeine Zeitung, 14.05.2005, Nr. 111, S. 10

(17) EmissionshandelMesse in Köln
aus taz Köln, 12.05.2005, S. 4

Impressum

Carbon Expo - Kongressmesse für Emissionshandel und CO2-Markt

Bibliografische Information der deutschen Nationalbibliothek

Die Deutsche Nationalbibliothek verzeichnet diese Publikation in der deutschen Nationalbibliografie; detaillierte bibliografische Daten sind im Internet über http://dnb.d-nb.de abrufbar.

ISBN: 978-3-7379-1452-9

© 2015 GBI-Genios Deutsche Wirtschaftsdatenbank GmbH, Freischützstraße 96, 81927 München, www.genios.de

Alle Rechte vorbehalten. Dieses Werk ist einschließlich aller seiner Teile – z.B. Texte, Tabellen und Grafiken - urheberrechtlich geschützt. Jede Verwertung außerhalb der Grenzen des Urheberrechtsgesetzes bedarf der vorherigen Zustimmung des Verlags. Dies gilt insbesondere auch für auszugsweise Nachdrucke, fotomechanische Vervielfältigungen (Fotokopie/Mikroskopie), Übersetzungen, Auswertungen durch Datenbanken oder ähnliche Einrichtungen und die Einspeicherung und Verarbeitung in elektronischen Systemen.